UN MOT

SUR LE PROJET DE LOI

RELATIF

AUX SACRILÉGES.

IMPRIMERIE DE HUZARD-COURCIER,
Rue du Jardinet, n° 2.

UN MOT

SUR LE PROJET DE LOI

RELATIF

AUX SACRILÉGES;

PAR

J.-M. LE GRAVEREND,

MAITRE DES REQUÊTES HONORAIRE AUX CONSEILS DU ROI.

« Quand le peuple est dans le parti des lois, les chances du
» crime, pour échapper, sont réduites à leur moindre terme.»

(*Théorie des peines et des récompenses*, par
JÉRÉMIE BENTHAM.)

PARIS,

BÉCHET AINÉ, LIBRAIRE-ÉDITEUR;
QUAI DES AUGUSTINS, N° 57.

1825

UN MOT

SUR LE PROJET DE LOI

RELATIF

AUX SACRILÉGES*.

La France attentive a accueilli avec enthousiasme les premières paroles de Charles X, et jetant un regard d'espérance sur elle-même, elle ne peut néanmoins se défendre d'un sentiment d'inquiétude, à l'aspect de la politique européenne.

C'est à ce moment que des lois du plus grand intérêt sont apportées simultanément à chacune des chambres législatives, et sont livrées à la discussion publique.

Le projet qui concerne l'indemnité des émigrés, et l'édition nouvelle du projet avorté de la réduction

---

* *Voyez* dans le Moniteur du 7 janvier 1825, le projet présenté à la Chambre des Pairs, séance du 4 janvier.

1

des rentes ont fait déjà naître une foule d'écrits, sans que la matière soit près de s'épuiser, et de nouveaux athlètes dignes de l'objet de la lutte, ne déserteront certainement point la carrière qui leur est ouverte.

Le projet relatif au *sacrilége* n'a pas donné jusqu'ici naissance à tant d'observations, quoiqu'il n'ait pas moins occupé les esprits réfléchis ; c'est sur ce projet seul, que je me propose de fixer particulièrement l'attention.

La loi proposée est-elle *utile*? Est-elle conforme aux *principes d'humanité*? Est-elle *opportune et sans danger*? Est-elle *constitutionnelle*, c'est-à-dire, en harmonie avec les droits garantis et les institutions consacrées par la Charte?

Telles sont les questions que je me propose d'examiner.

§ Ier.

La loi nouvelle est-elle *utile?* l'assertion contraire est facile à démontrer.

En effet, de quelle protection le législateur doit-il environner aujourd'hui la religion dans un pays civilisé? Sa tâche doit se borner à faire respecter les croyances, les temples et les ministres, et à garantir de tout trouble, de toute insulte, l'exercice religieux du culte. Cette vérité est surtout évidente dans un pays où non-seulement la liberté des cultes est assurée et également protégée mais, même où l'État salarie les diverses sectes chrétiennes (1).

Les lois françaises avaient pourvu dès long-temps à ces nécessités (2), et s'il était reconnu, ce dont je suis porté à douter, que les besoins de la société réclament plus de sévérité dans la répression des délits relatifs à l'exercice du culte, il faudrait y pourvoir dans le cercle assigné par la raison au pouvoir législatif.

Mais pourquoi franchir la barrière qui sépare le temporel du spirituel, au lieu de fortifier cette barrière qui, pour la gloire de la religion et le bonheur des peuples, devrait être inexpugnable? Pourquoi s'élancer du domaine de la police, qui doit être réglé par la loi civile, dans celui de la religion, dont les limites échappent nécessairement aux dispositions humaines? Pourquoi ressusciter aujourd'hui des crimes d'opinion dont nous étions si heureusement affranchis?

---

(1) « Chacun professe sa religion avec une égale liberté, et » obtient pour son culte la même protection. » (Art. 5 de la Charte.)

« Les ministres de la religion catholique, apostolique et ro- » maine, et ceux des autres cultes chrétiens reçoivent seuls » des traitemens du trésor royal. » (Art. 7, *ibid.*)

(2) *Voyez* les lois de l'an IV, de l'an X et les art. 360 à 364 du Code pénal de 1810.

« En adoucissant la peine, a dit un grand écri-
» vain (1), souvenons-nous qu'elle est principale-
» ment destinée à rétablir l'ordre social, et que,
» pour le péché, Dieu seul en est le juge et le
» vengeur. »

La France, rendue depuis plus de dix ans à ses
anciens rois, a-t-elle donc été saisie tout à coup
d'un accès de frénésie irréligieuse, et ce pays, où
depuis plus de vingt ans le chef visible de l'église catholique vint lui-même bénir les autels, dont il a reconnu et encouragé les sentimens de piété, n'est-il
devenu un pays de sacriléges que depuis que les con-
grégations l'ont envahi?

De 1796 à 1822, à l'époque même où le territoire de
l'empire embrassait une partie de l'Europe, jamais la
France n'offrit l'exemple d'un sacrilége proprement
dit. Quelques vols, en petit nombre, furent sans doute
commis dans les églises ; mais, s'ils portèrent sur des
vases sacrés, tout indiquait que l'esprit de rapine et
l'ardeur du butin avaient seuls dirigés les voleurs, et
qu'aucune pensée irréligieuse ne s'était mêlée à la
pensée du vol.

Il est même remarquable que dans un espace de
plus de deux siècles, antérieurs à la révolution, on

(1) *Voyez* Lois pénales de M. DE PASTORET, tome II, § *Rapport de la peine avec la religion des peuples,* page 163.

compte peu d'arrêts rendus contre des sacriléges, et que, si l'on en excepte l'affaire si tristement célèbre du chevalier *La Barre*, les derniers exemples de peines prononcées à ce sujet, par les anciens parlemens, ont été rendus contre des ecclésiastiques (1).

De 1822 à 1825, il est probable que l'état des choses n'a pas changé, il existe même, à cet égard, un témoignage authentique, irrécusable, c'est celui que monseigneur le garde des sceaux fit entendre du haut de la tribune de la Chambre des députés, à la session de 1823 : « Il faut surtout, disait ce ministre, » consulter les besoins de l'époque, la situation des » mœurs, et la tendance générale des esprits. Notre » âge n'est pas celui de la ferveur et du zèle ; les » temps du fanatisme et de l'impiété sont pas-» sés (2). »

Et je ne suppose pas qu'on veuille tirer un argu-ment en faveur du projet de loi, de l'espèce de *sacrilége* commis par le curé de Saint-Quentin-sur-Isère (3), sacrilége qui, ayant été accompagné d'as-

---

1) *Voyez* arrêts du 4 et 8 mai 1714, rapportés par Bru-neau. *Voyez* un autre arrêt du 12 juin 1741. (Jousse, Traité de la Justice criminelle en France, tome IV, p. 102).

(2) L'exposé des motifs du projet de loi fait par S. Exc. M⁺ le garde des sceaux à la Chambre des Pairs, n'atténue en rien ses assertions précédentes.

(3) Les prêtres et autres personnes consacrées à Dieu, qui

sassinat, a donné lieu à la condamnation par contumace de ce prêtre à la peine de mort (1).

On a bien parlé, il est vrai, de deux vols avec profanation commis depuis quelques mois, l'un dans une église de la capitale, et l'autre dans une église voisine de Paris. Mais, malgré les cérémonies religieuses *expiatoires* prescrites à cette occasion, la présomption naturelle est ici, comme dans les vols précédens, que la soif de l'or a été l'unique mobile des spoliateurs. L'époque où ont eu lieu ces faits, dont les auteurs sont restés inconnus et impunis, rappelle trop d'ailleurs, ainsi qu'on l'a déjà fait observer, certaines conspirations de commande et certaines pétarades restées enveloppées d'un voile plus ou moins épais ; il en résulte une ressemblance trop frappante avec les pièces fabriquées pour les besoins d'une cause ; et, dans tous les cas, une circonstance de cette espèce, quelle qu'en soit l'exactitude, n'est

---

abusent de leurs fonctions pour séduire une pénitente, ou pour commettre quelqu'autre crime, doivent aussi être regardés comme coupables de *sacriléges*. (*Voyez* Jousse, Traité de la justice criminelle, tomes III et IV, qui cite de nombreux arrêts rendus pour cette espèce de sacrilége. *Voyez* aussi les autres criminalistes.)

(1) *Voyez* dans mon ouvrage *Des Lacunes et des besoins de la législation française en matière politique et en matière criminelle*, (1824), tome I, la note 2 de la page 113 relative à cette affaire.

certainement pas de nature à déterminer une inno-
vation aussi grave que celle que doit apporter, dans
la législation française et dans les habitudes de la
nation, le projet de loi dont il s'agit (1).

Il est donc bien constant, ainsi que le proclamait
naguère Mgr le garde des sceaux, que le nouveau
projet de loi n'est point réclamé par les besoins de
la société, et que son moindre défaut est d'être *inutile*.

S'il se commet en France des vols d'église, il
ne s'y commet point réellement de sacriléges. Et
lorsqu'on réfléchit que c'est dans une dissidence
d'opinions entre quelques Cours royales ou d'assises et la Cour de cassation, sur la question de
savoir si l'on devait ou non considérer les églises
comme des *lieux d'habitation*, et appliquer, en con-
séquence, tel ou tel article du Code pénal aux
auteurs des vols qui s'y commettent, qu'il faut cher-
cher, sinon la cause, du moins l'occasion du projet
de loi ; lorsqu'on pense qu'une interprétation différente
dans l'appréciation d'une circonstance caractéristique
ou aggravante du vol est devenue ainsi le motif de la
création d'une nouvelle série de crimes dont la sagesse des législateurs de 1791 et de 1810 avait banni
jusqu'à la dénomination, et celui de l'établissement

(1) Tout ce qui précède s'applique également à la tenta-
tive que les journaux du 17 janvier ont annoncé avoir eu
lieu dans une église du département de Seine-et-Marne, pour
l'enlèvement des reliques de saint Sébastien.

des peines les plus cruelles ; lorsqu'on envisage, enfin, le nouveau projet de loi sous toutes ses faces, et qu'on en prévoit toutes les conséquences, s'il vient à être exploité dans l'intérêt d'une compagnie qui renaît de ses cendres, comme le phénix, et qui, comme lui, renaît avec toute la vigueur de la jeunesse, on ne peut s'empêcher de gémir sur cette funeste improvisation législative, et de trouver encore ici une nouvelle preuve de cette vérité, devenue triviale, que les plus grands effets sont souvent produits par les plus petites causes.

§ II.

Le projet de loi est *inhumain !*

En faut-il d'autre preuve que la simple lecture de ses dispositions (1)? L'âme est oppressée par cette

---

(1)   Titre Iᵉʳ. *Du Sacrilége.*

Art. 1. La profanation des vases sacrés et des hosties consacrées est un crime de sacrilége.

Art. 2. Est déclarée profanation toute voie de fait commise volontairement et par haine ou mépris de la religion sur les vases sacrés ou sur les hosties consacrées.

Art. 3. Il y a preuve légale de la consécration des hosties, lorsqu'elles sont placées dans le tabernacle ou exposées dans l'ostensoir et lorsque le prêtre donne la communion ou porte le viatique au malade.

Il y a preuve légale de la consécration du ciboire, de

triste nomenclature de crimes de création nouvelle et par ce luxe épouvantable de supplices et de mutilations.

« Les peines, a dit un publiciste, ont des rap-
» ports nécessaires avec le degré de civilisation du
» peuple auquel on les inflige, avec les principes de
» son gouvernement (1). »

Mais comment reconnaître ici l'application de cette doctrine !

Ah ! réprimez tout ce qui doit être puni, mais ne ressuscitez pas ces crimes de *lèze-majesté divine*, triste et funeste découverte des siècles superstitieux. Laissez au ciel le soin de venger ses injures (2), et

---

l'ostensoir, de la patène et du calice employés aux cérémonies de la religion au moment du crime.

Il y a également preuve légale de la consécration de l'ostensoir et du ciboire enfermés dans le tabernacle de l'église.

Art. 4. La profanation des vases sacrés est punie de mort.

La profanation des hosties consacrées est punie de la peine du parricide.

Titre II. *Du vol sacrilège.*

Art. 5. Sera puni de mort quiconque aura été déclaré coupable d'un vol commis dans un édifice consacré à la religion de l'État, lorsque le vol aura été d'ailleurs commis avec la réunion des circonstances déterminées par l'art. 381 du Code pénal, etc.

(Extr. du projet de loi, *Moniteur* du 7 janvier 1825.)

(1) *Voyez* Lois pénales de M. DE PASTORET, tome II, p. 69.

(2) Le Conseil-d'état du prince primat de l'Allemagne,

que la hache des bourreaux, si long-temps dirigée par l'esprit révolutionnaire, ne soit pas livrée à la direction de l'esprit de secte...

Tantæ ne animis cœlestibus iræ! (1)

Depuis dix ans on n'a cessé de blâmer la trop grande sévérité du Code pénal. C'est du sein des Chambres et surtout de celle des Pairs, que ces plaintes philanthropiques se sont fait entendre (2).

---

archevêque de Ratisbonne, lui soumit un travail sur la législation criminelle relative aux faits de sacrilège, les peines étaient aggravées sans mesure. Ce prince si connu par ses lumières et son esprit d'humanité, répondit : « Je ne veux pas » d'une telle loi ; je suis archevêque et non bourreau. Qu'on » mette ceux qui commettent un sacrilège aux petites-mai- » sons et qu'on les guérisse ; mais qu'on ne les tue pas. » (Constitutionnel du 10 janvier 1825.)

(1) *Voyez* plus haut, page 4, le passage extrait des Lois pénales de M. DE PASTORET.

(2) *Voyez* les procès-verbaux des séances de la Chambre des pairs, depuis 1814. *Voyez* aussi, entre autres ouvrages, celui qui a été publié sous le titre de *Commentaire nouveau sur la Charte constitutionnelle*, et qui est attribué à un noble duc et pair. Le Code pénal y est désigné comme un recueil de dispositions *barbares*, comme un *horrible monument du des- potisme*.

Voyez aussi l'ouvrage *Des Lacunes et des besoins de la législation française en matière politique et en matière criminelle* (1824), tome I, p. 42 et suiv., 231 et suiv.

Faut-il donc y répondre par l'invention de crimes nouveaux et par des rigueurs outre mesure?

Faut-il donc combler par des lois de sang les *lacunes* nombreuses d'une législation déjà trop acerbe? Et n'a-t-on que des supplices à offrir pour les *besoins* d'un peuple franc et loyal, ami de la religion, dévoué à ses rois, mais qui repousse de toute son énergie les *tartufes* modernes de religion et de politique.

Je ne parlerai point des publicistes de tous les pays, dont la noble éloquence a depuis long-temps flétri ces peines barbares.

Mais ouvrez les annales de la discussion du Code pénal, de ce Code reconnu trop sévère, et vous y trouverez la preuve que les supplices accessoires appliqués sans avantage au parricide et étendus par la flatterie aux crimes de lèze-majesté, ont toujours trouvé de vigoureux adversaires parmi les bons esprits, et que ceux-là ont toujours pensé que la peine capitale doit *éminemment* suffire à l'ordre public.

Opposera-t-on les anciennes ordonnances? Mais ce n'est plus par elles que nous sommes, ou du moins que nous devons être régis.

Un nouveau Code pénal a remplacé tout à la fois et ces ordonnances, et les coutumes, et les peines arbitraires; et malgré toute la rigueur qu'on reproche à si juste titre à ce Code, vingt crimes qui donnaient lieu jadis à la peine de mort, ou à des peines afflictives, ne sont punis aujourd'hui que d'une réclusion ou d'un emprisonnement temporaires.

Cependant, sans égard pour cette différence si remarquable, fruit de la civilisation et des lumières, sans égard pour l'époque où nous vivons, et pour le nouvel état de la société, c'est la peine de mort avec de barbares accessoires que vous allez décerner contre ces crimes qui ne peuvent avoir d'existence qu'aux yeux d'une partie de la nation, et dont le motif même est pour une grande portion de l'Europe chrétienne un acte de superstition et d'idolâtrie.

Ne cherchez donc point dans le passé des termes de comparaison avec le présent.

On conçoit que *Charles IX* ait rendu des ordonnances contre les sacriléges; c'est sous son règne qu'eurent lieu les massacres de la Saint-Barthélemy, qualifiés dans ces derniers temps de *rigueurs salutaires*.

On conçoit que malgré l'éclat de son règne, de la même main dont *Louis XIV* signait la révocation de l'édit de Nantes, ce monarque ait décerné de nouvelles peines contre les faits de sacriléges ; ces mesures jugées depuis long-temps, sont du moins en rapport, en harmonie entre elles.

Mais lorsque la Charte garantit la liberté des cultes et leur assure de plus une protection égale, la résurrection de ces crimes à l'usage seulement de la religion catholique et romaine, devient un véritable contre-sens, et l'application proposée des peines les plus cruelles ne peut pas même aujourd'hui, comme aux temps passés, s'appuyer sur des considérations politiques.

Ce n'est pas encore seulement par la rigueur des peines applicables aux crimes qu'il établit, que le projet est *inhumain*.

Tous les auteurs nous apprennent qu'en France, avant la révolution, la peine du sacrilége dépendait des circonstances du crime, du lieu, du temps, etc. (1).

L'article 1er de la déclaration du 4 mai 1724 ne punissait que des galères *à temps* ou à perpétuité les vols faits dans les églises, et Papon rapporte un arrêt du Parlement de Bordeaux, en date du 21 janvier 1435, qui ne condamna qu'au fouet un individu coupable de sacrilége au premier chef. L'*ivresse* du coupable, dit l'arrêtiste, empêcha qu'on ne le condamnât à mort.

Cet arbitraire, qui tempérait jusqu'à un certain point l'excessive rigueur des peines, ne se retrouve pas même dans le nouveau projet de loi; nous aurons donc à regretter l'esprit de tolérance et la civilisation du commencement du quinzième siècle!

Ainsi, des faits caractérisés *sacriléges* seront

_____

(1) *Voyez* Jousse, Traité de la Justice criminelle; Rousseaud de la Combe, Traité des matières criminelles; Muyart de Vouglans, Lois criminelles.

punis ; suivant le projet , avec la plus effrayante cruauté, *lors même que des circonstances atté-nuantes démontreraient le défaut d'intention des prévenus.*

Car le projet proposé forme une *législation spéciale* contre les faits de sacriléges ; et suivant la jurisprudence de la Cour de cassation , tout récemment encore consacrée à l'occasion des délits de la presse , relativement aux éditeurs responsables :

« Les lois spéciales doivent être réglées dans leur » application par les dispositions qui y sont for- » mellement contenues, ou qui en dérivent virtuel- » lement ; et les principes admis dans le droit » commun ne peuvent être invoqués (1). »

Ainsi, on pourra voir condamner à ces peines atroces des *enfans* prévenus de sacriléges , sans qu'on puisse poser à leur égard la question de *discernement*.

Car, d'une part, suivant l'ancienne législation , comme nous l'attestent les criminalistes, *l'enfance n'excuse pas ce crime* (2); et d'un autre côté, un arrêt de la Cour de cassation, rendu en 1819, et à

---

(1) *Voyez* arrêt de la cour de cassation du 22 avril 1824; Sirey, 1824, première partie, p. 329, et Bull. off. de cass. , part. crim. , 1824.

(2) *Voyez* Boyer , en ses décisions, qui cite un arrêt rendu le 12 mai 1528. *Voyez* aussi Jousse , qui, d'après Boyer, professe la même doctrine. (Traité de Justice criminelle , tome IV, p. 103.)

l'autorité duquel se joint encore l'arrêt déjà cité, du 22 avril 1824, a jugé que *dans les matières régies par les lois spéciales*, le bénéfice des articles 66 et 67 du Code pénal, qui modèrent la peine ou en interdisent l'application, à cause du *défaut de discernement*, ou de son insuffisance présumée, lorsque le prévenu est âgé de moins de seize ans, ne peut être appliqué au délinquant (1).

D'ailleurs, le soin qu'ont eu les rédacteurs du projet, de déclarer inapplicables à divers faits punis correctionnellement, les dispositions de l'article 463 du Code pénal, qui permet de modérer les peines (2), indique évidemment que, d'après l'esprit qui a présidé au projet de loi, les peines doivent être appliquées dans toute leur rigueur et leur intensité.

§ III.

Le projet de loi est *inopportun* et *dangereux*.

Ces deux assertions, qui n'en font qu'une, demandent à être traitées ensemble, et c'est pourquoi je les réunis sous le même paragraphe.

---

(1) *Voyez* Arrêt de la Cour de cassation du 15 avril 1819 Bullet. offic. de cassation, an 1819, part. crim., p. 152 ; Sirey, an 1820, première part., p. 498, et l'ouvrage *Des Lacunes et des besoins de la Législation française en matière politique et en matière criminelle,* publié en 1824, tome I, pages 159 et 160.

(2) *Voyez* l'art. 13 du projet de loi.

Après 35 ans de troubles et d'agitation, malgré la haute sagesse du monarque législateur qui nous a octroyé la Charte, malgré les sentimens si paternels du Roi et des princes français qui, dans leurs discours, ne cessent de proclamer *l'union* et *l'oubli*, et qui, dans tous leurs actes personnels, en donnent le salutaire exemple, on ne peut se dissimuler que les passions politiques, encore en présence, ne laissent subsister beaucoup de germes de dissentions.

Ce n'est pas à coup sûr l'esprit monarchique, l'attachement à la légitimité, le dévouement à la famille française des Bourbons, que l'on oserait aujourd'hui révoquer en doute et contester à la nation ; l'unanimité des opinions sur ces grands principes, sur ces devoirs communs, ne laisse plus apercevoir de traces de division entre les Français. Mais lorsque tous les sentimens généreux se sont ralliés sous un trône protecteur, lorsque toutes les gloires se sont confondues sous un même drapeau, les intérêts matériels sont remis en présence par des questions graves qui peuvent ébranler jusque dans leurs bases la fortune publique et la masse des propriétés particulières (1); et comme si ce n'était pas déjà assez de ces intérêts matériels qui suffirent dans tous les temps pour diviser les peuples lorsque

---

(1) *Voyez* les projets de lois sur l'indemnité des émigrés et sur la réduction des rentes.

des classes de citoyens se croient lésées par ce qui fait l'avantage des autres; on vient associer à ces questions temporelles, des questions purement religieuses, source éternelle de débats et de troubles, dont la France, si l'on en excepte quelques jours de 1815, avait depuis long-temps perdu le souvenir et cessé d'être le théâtre; on fait, en quelque sorte, intervenir le ciel dans les querelles de la terre, et l'on agite tout-à-la-fois les esprits et les âmes; par la crainte que chacun éprouve d'être troublé dans ses propriétés, et par celle d'être molesté dans sa croyance religieuse, tourmenté dans l'exercice de son culte.

Une voix éclatante nous a révélé du haut de la tribune publique, la pensée de l'émigration sur les ventes des biens d'émigrés (1) : les acquisitions de ces biens sont des *vols;* les propriétaires sont des *voleurs;* et cette qualification appliquée à une classe très nombreuse de Français, et qu'on aurait pu attribuer à la chaleur d'une improvisation, a reçu le sceau de la réflexion dans une lettre que tous les journaux ont publiée (2).

---

(1) *Voyez* dans tous les journaux du 9 janvier, le discours de M. Casimir de Puymaurin, député, à la séance du 8 janvier 1825.

(2) *Voyez* dans les journaux du 11 janvier 1825, la lettre de M. de Puymaurin, en date du 10, en réponse à M. de Pradt.

Mais si c'est là la pensée des émigrés sur la vente des propriétés qu'ils ont perdues, il n'est certainement pas difficile de se fixer sur la pensée du clergé à l'égard de la spoliation de ses biens.

Et c'est dans un pareil moment, c'est au milieu de cette conflagration d'opinions et d'intérêts si opposés, que l'on vient prononcer le mot de *sacrilége!*

Aurait-on donc oublié que, suivant l'ancienne législation, et notamment aux termes de l'ordonnance de Blois, *l'usurpation des biens de l'église* était aussi punie comme un fait de *sacrilége* (1)?

Et quand on propose d'indemniser intégralement les émigrés de la perte de leurs biens, quand cette mesure est déclarée insuffisante par de nombreux écrivains, quand on proclame hautement que la restitution seule serait justice, et que l'indemnité doit être réservée pour les acquéreurs (2); quand avant même l'ouverture de la discussion sur le projet de loi, les propriétaires actuels sont désignés comme voleurs du haut de la tribune publique, on ne craint pas, en portant une loi sur le *sacrilége,* d'autoriser, de *sanctifier,* pour ainsi dire, toutes les prétentions

---

(1) *Voyez* les ordonnances de 1571 et 1572, et l'art. 47 de l'ordonnance de Blois.

(2) *Voyez* les pamphlets, les journaux et l'ouvrage *Des Lacunes et des besoins de la législation française,* tome II, p. 162 et 163, à la note.

ultérieures du clergé sur les propriétés dont il fut
dépouillé par la force et par la violence ; d'ajouter,
au titre commun que les détenteurs de ces biens doivent partager avec les détenteurs de biens d'émigrés, celui que les anciennes lois décernaient *avec
des peines capitales* aux usurpateurs des biens de
l'église, et d'armer ainsi, de ce mot retrouvé de *sacrilége*, les mains qui seules ont reçu le pouvoir de
lier et de délier en ce monde, et de mettre la créa-
ture en communication avec le créateur (1)!

L'inopportunité et le *danger* du projet de loi, si
manifestes sous ce point de vue, ne sont pas moins
évidens sous un autre rapport.

Aussitôt que le législateur aura prononcé le mot
sacrilége, qu'il ne croie pas que sa tâche puisse se
borner aux articles qui lui sont proposés : il aura
franchi la ligne de démarcation entre les lois d'ordre
public et les lois religieuses; il n'aura plus ni le pouvoir ni le droit de s'arrêter dans la carrière si impru-
demment rouverte.

La définition, les caractères du sacrilége ne sont
point de son domaine; et si les peines sont res-
treintes quant à présent à des faits de telle ou telle
espèce, d'autres faits qui, aux yeux de l'église et

----

(1) *Voyez* dans le Courier du 15 janvier, l'article relatif
à un magistrat, propriétaire d'un bien d'église.

suivant le droit canonique, constituent aussi des *sa-crilèges*, recevront d'abord publiquement cette dé-nomination, sans que l'on soit fondé à la critiquer; et bientôt, pour ne pas être taxé d'inconséquence, le législateur sera forcé d'ajouter de nouvelles séries de crimes à celles qu'il aura déjà créées; et de nou-velles rigueurs aux rigueurs de la loi qui lui est proposée.

Aux crimes divers de *sacrilèges* viendra néces-sairement se joindre le *blasphème*, envisagé sous toutes ses faces, et qui est aussi rangé parmi les crimes de *lèze-majesté divine* au premier chef.

Ainsi, après le supplice de nouveaux *Labarre*, nous ne tarderons pas à voir de nouveaux procès contre des blasphémateurs et des sorciers (1); nous verrons de nouveaux commissaires délégués pour exorciser de nouveaux possédés du démon; de nou-veaux *Urbain Grandier* ne manqueront pas aux

---

(1) *Voyez* dans l'Histoire de Paris par Dulaure, tome IV, p. 225 et suivantes, les détails relatifs aux nommés *César* et *Ruggieri*, sorciers célèbres en 1615.

Dans le discours que le garde-des-sceaux prononça en juil-let 1631, à la députation du Parlement, après avoir parlé de l'évasion de la reine-mère prisonnière à Compiègne, il ajoute que, pendant la maladie de Louis XIII à Lyon, *plusieurs per-sonnes avaient des curiosités suspectes, pour s'enquérir du cours de la vie du roi.* (Registres manuscrits du Parlement, au 16 juillet 1631.)

besoins de l'époque ; par suite de ce commerce avec le diable, de nouveaux pères *Surin* viendront prêter leur sacré ministère à de nouveaux ou à de nouvelles démoniaques (1), et par un dévouement

---

(1) Tout le monde connaît l'affaire d'Urbain Grandier qui fut condamné pour avoir ensorcelé les religieuses ursulines de Loudun, et avoir logé des diables dans leurs corps.

Ce curé, qui avait écrit une satire contre le cardinal Mazarin, fut reconnu coupable par des *commissaires* délégués, auxquels « plusieurs *jésuites* pieux et savans, choisis pour » examiner l'événement, » prêtèrent le secours de leurs lumières.

Mais tout le monde ne sait pas peut-être, que le père *Surin*, l'un des jésuites choisis, « fit éclater dans une conjoncture si » délicate, sa sainteté, sa prudence et son zèle. Depuis long- » temps il offrait à Dieu des jeûnes et des prières, pour une » religieuse que le démon tourmentait avec violence ; c'était » en vain. Tout à coup, dans un mouvement de charité, il se » dévoue aux mêmes peines dont cette épouse de Jésus-Christ » était affligée. Une prière si extraordinaire fut exaucée, la » religieuse cessa de souffrir ; mais des signes d'obsession se » manifestèrent dans celui qui s'était si héroïquement offert » en sacrifice. Ses supérieurs furent forcés de le rappeler. »

Ces détails sont extraits de la *Bibliothèque catholique*, dédiée à N. S. P. le pape, approuvée par un grand nombre d'évêques, et publiée par une société d'ecclésiastiques. (Paris, 1824, p. xvj et xvij.)

L'auteur ne dissimule pas que des historiens ont attribué à d'autres motifs la conduite du père *Surin*, que le mépris et quelquefois l'insulte, furent la récompense de ce trait d'héau-dessus de tout éloge humain, donner pendant trente ans l'hospitalité à l'esprit immonde, pour en débarrasser de malheureuses possédées (1).

Et qui pourrait nier que des scandales pareils, outre qu'ils compromettent la majesté de la religion, offrent des *dangers* de plus d'une espèce ?

§ IV.

LE projet de loi est *inconstitutionnel*, c'est-à-dire contraire aux droits consacrés par la Charte.

Le libre exercice du culte est garanti à tous les sujets du Roi ; toutes les croyances religieuses doivent jouir d'une même protection (2), et les ministres des diverses sectes chrétiennes sont même salariés par le trésor royal (3).

Cependant je le demande à tout homme de bonne foi, les diverses croyances religieuses seront-elles

---

roïsme ; mais il ajoute que « la mémoire du père *Surin* s'est » conservée parmi les personnes pieuses, comme un souvenir » d'agréable odeur. » (*Voyez* Bibliothèque catholique, 1824, p. xvij et xxj.)

(1) Le démon qui avait obsédé l'ursuline de Loudun, et qui s'empara du père *Surin*, à sa prière, désola pendant trente années entières cette âme aimante. (*Voyez* Bibliothèque catholique, p. xix.)

(2) *Voyez* art. 5 de la Charte.

(3) *Voyez* art. 7 *ibid.*

également protégées, seront-elles seulement respectées, lorsque la loi aura créé des crimes qui ne peuvent être réputés tels que par une seule religion (1), qui aux yeux des autres sectes de la même religion, n'ont et ne peuvent avoir aucun caractère de profanation, qui devraient sans doute être réprimés sévèrement s'ils étaient commis à titre de troubles apportés à l'exercice d'un culte, parce que l'ordre public et *la protection égale* due à tous, en auraient souffert de graves atteintes, mais qui, isolés de cette circonstance, ne sont plus dans l'opinion des autres sectaires, que des actes étrangers à la religion et au culte ?

Les diverses croyances religieuses seront-elles également protégées ou seulement respectées, lorsque par un privilége qui s'étend de la terre jusqu'aux cieux, des supplices épouvantables seront établis au profit d'une seule religion, et que ces supplices atteindront des faits caractérisés par elle de *lèze-majesté divine au premier chef* (2) ?

---

(1) *Voyez* art. 14 du projet de loi.

(2) « On les multiplie encore (les coupables), si au lieu » d'être universelles, les lois favorisent tel ou tel individu, » *telle ou telle aggrégation*. Privilége et légal seront toujours » deux mots incohérens pour la raison, et rien ne porte à » l'injustice, comme d'être le témoin et la victime d'une préférence qui elle-même est une injustice. »

Lois pénales de M. de PASTORET, tome II, p. 60 et 61.

Quoi ! l'on oserait prétendre qu'après la promulgation de cette loi, dont le titre 1er ne peut être exécuté qu'au profit des catholiques contre toutes les autres sectes ou les autres religions (1), une protection égale continuera de garantir ceux qui sont attachés à ces religions ou à ces sectes diverses ?

Mais la loi seule sera le démenti le plus formel donné à cette prétendue protection et même au respect de la liberté des cultes.

En effet, cette loi ne crée-t-elle pas des crimes de *lèze-majesté divine ?* N'est-ce pas même à ce seul titre que les supplices que l'on propose d'y appliquer peuvent être défendus et justifiés, parce que, dira-t-on, la *majesté divine* ne doit pas être moins respectée que la majesté royale, et parce que les attentats contre le trône céleste ne peuvent pas être réprimés avec moins de sévérité que les attentats contre les trônes de la terre (2) ?

Cela posé, comment les autres religions, et spécialement les autres sectes chrétiennes, pourront-elles être protégées ? Comment sera-t-il permis aux religionnaires de mettre en doute dans leurs écrits, dans leurs prêches, ces dogmes sur lesquels reposent les crimes de *lèze-majesté divine ?*

---

(1) *Voyez* art. 14 du projet de loi.

(2) *Voyez* l'exposé des motifs par Mgr le garde des sceaux.

Quoique la loi civile ne déclare pas crime de lèze-majesté l'action odieuse qui consisterait à insulter les images de nos Rois, laisserait-on, je le demande, circuler librement les écrits dans lesquels on déclarerait que ces images n'ont rien de commun avec l'autorité royale, avec le respect et l'amour qu'on doit porter au monarque? Laisserait-on professer publiquement une doctrine aussi irrévérente?

Le doute seul sur les mesures que l'autorité s'empresserait de prendre, serait une injure à sa vigilance.

Et lorsque la loi aura rangé parmi les crimes de *lèze-majesté divine* des faits qui ne peuvent avoir ce caractère que suivant les dogmes de la religion catholique, comment croire que les diverses sectes de la religion réformée, jouiront en France de toute liberté, de toute protection dans l'émission des opinions contraires à ces dogmes, dans la publicité de leurs doctrines?

C'est pourtant cette liberté entière, cette protection égale que la Charte leur garantit; et la plus légère atteinte à ces droits qu'elle a consacrés, est une violation d'autant plus grave, qu'il s'agit ici d'intérêts au-dessus de tous les intérêts terrestres.

Une autre considération non moins importante, se réunit à celle que nous venons d'indiquer, et prouve, avec une égale évidence, combien l'esprit et le texte de la loi proposée, sont contraires aux institutions que nous tenons de la munificence de l'auteur de la Charte.

Le *jury* est formellement maintenu par la Charte royale (1), et, malgré toutes ses imperfections, malgré tous les coups qui y ont été portés dans ces derniers temps (2); son existence, et son nom seul, pour ainsi dire, est encore une garantie à laquelle la nation tout entière aime à se rattacher.

Les lois ont déterminé les qualités qui rendent un citoyen éligible aux fonctions de juré, et jusqu'ici la différence des religions ou des sectes n'a jamais été ou dû être un motif d'admission ou d'exclusion des citoyens français susceptibles d'être appelés à former le jury.

Mais lorsque la loi nouvelle aura créé des crimes de lèze-majesté divine qui, dans le for intérieur, ne peuvent être considérés comme tels par tous les Français qui ne sont pas catholiques, la recherche des opinions religieuses devra donc aussi faire partie des obligations de l'autorité chargée de former ou de réduire les listes de jurés; il faudra donc par de nouvelles précautions, de nouvelles mesures

---

(1) *Voyez* art. 65 de la Charte.

(2) *Voyez à ce sujet* l'ouvrage *Des Lacunes et des besoins de la législation française en matière politique et en matière criminelle*, et le *Traité de la législation criminelle en France*, 2ᵉ édit.

individuelles donner aux jurés le caractère de commissaires lorsqu'il s'agira de prononcer sur les crimes de nouvelle création, car je ne veux pas même
supposer qu'on prétende les *soumettre* à des juges
d'attribution ; ou si l'on veut prévenir d'une ma-
nière plus certaine l'inconvénient que nous signa-
lons, il faudra par une mesure générale déshériter
tous les Français non catholiques des fonctions de
jurés, dans la crainte que quelque crime de *lèze-
majesté divine* ne vînt à être soumis aux assises ;
et une partie de la nation se trouvera ainsi privée
d'une des plus précieuses prérogatives des Français,
celle de concourir en matière criminelle, au juge-
ment de ses concitoyens (1).

Ainsi sous ce nouveau point de vue, le projet
soumis à l'examen des Chambres, attaque dans sa
base une des institutions constitutionnelles.

Convaincu que le projet est *inutile*, *inhumain*,
*dangereux et contraire aux droits garantis par la
Charte*, j'ai cru donner une nouvelle preuve de
mon attachement, de mon dévouement à la mo-
narchie constitutionnelle et à la légitimité, en pu-
bliant ces rapides réflexions sur l'ensemble du projet,

---

(1) On sent bien, sans que j'aie besoin de le dire, que si un
religionnaire était prévenu d'un crime de cette espèce, il sera
jugé par un jury choisi *ad hoc*, et exclusivement composé de
jurés d'une autre secte.

sur le principe de la loi (1) ; j'ai cru devoir au commencement d'un nouveau règne , payer ce faible tribut d'un sujet fidèle, en appelant toute l'attention des législateurs sur un projet qui me paraît contenir des germes de discordes et de malheurs publics. Et plein de confiance, comme toute la nation, dans la sagesse de la Chambre des Pairs, à laquelle il est soumis, j'attends le résultat de sa discussion pour m'éclairer par ses débats, et pour fortifier ou réformer mon opinion.

---

(1) Je n'ai point examiné la loi dans ses détails; j'aurais manqué le but que je me proposais.

Cependant les dispositions relatives aux délits sont aussi de nature à provoquer de nombreuses réflexions.

Je ne serais point étonné, par exemple, que l'article xi n'éloignât souvent des églises de Paris beaucoup de gens sages, pieux et tranquilles, qui craindront d'y trouver de nouveaux habitués, soit à l'*intérieur*, soit à l'*extérieur*, et qui pourraient redouter le zèle trop actif de ces *fidèles* d'une espèce particulière.

FIN.

www.ingramcontent.com/pod-product-compliance
Lightning Source LLC
Chambersburg PA
CBHW070748210326
41520CB00016B/4627